TONY WOLF

12 Geschichten für das ganze Jahr

12 Geschichten für das ganze Jahr

Tony Wolf

TRÖTSCH
VERLAG

Das Jahr hat vier Jahreszeiten
und jede hat ihre ganz
besonderen Eigenschaften,
bringt andere Früchte hervor
und lädt zu unterschiedlichen
Unternehmungen ein:

Der Frühling lässt die Natur zu neuem
Leben erwachen und die Vögel
ausgelassene Zwitscherkonzerte anstimmen.

Der warme Sommer schenkt uns herrliche
Ferientage am Badesee.

Der Herbst erfreut uns mit süßen Äpfeln,
aus denen wir leckeren Apfelsaft machen.

Und der Winter zaubert Schnee herbei,
sodass wir Rodeln gehen können.

Komm mit zu den Tieren des Waldes
und schau, wie sie die vier Jahreszeiten
verbringen!

Herbst

Winter

Frühling

Sommer

Der Markt der Waldtiere

Familie Eichhörnchen ist sehr zufrieden. Viele Eicheln, Kastanien und Nüsse hat sie in den letzten Wochen gesammelt. Das ist ihr Vorrat für den nahen Winter. Doch auch wenn die Vorratskammer schon gut gefüllt ist, fehlen ihnen noch ein paar Dinge für die kalte Jahreszeit. Zum Glück wissen die Eichhörnchen, wo sie diese bekommen können: Der Markt auf der Lichtung bietet Köstliches und Nützliches für alle Tiere des Waldes.

Doch sieh nur selbst! Hier gibt es frischen Apfelsaft, den Großmutter Maus für ihre Enkel kauft. Mit einem Glas Honig unter dem Arm kommt Papa Bär vom Stand der Bienen zurück. Frau Eichhörnchen hat einige Nüsse gegen frische Blaubeeren getauscht. Daraus möchte sie süße Marmelade machen, die sich die ganze Familie im Winter schmecken lassen wird. Ja, auf diesem Markt gibt es für jeden Geschmack eine Leckerei zu finden!

Papa Igels Apfelsaft

Während sich die Waldbeeren-Saison dem Ende zuneigt, reifen nach und nach die Äpfel an den Bäumen heran. Papa Igel ist heute besonders früh aufgestanden und mit seinem Boot zur Streuobstwiese hinüber gerudert. Als er wiederkommt, liegt das Boot tief im Wasser, denn es ist über und über mit Äpfeln beladen. Aufgeregt eilt der kleine Igel seinem Papa zu Hilfe.

Doch die Last auf seinem Rücken ist so schwer, dass er stolpert. „Hi, hi, so ein Tollpatsch!", lachen der Käfer, der Schmetterling und die Biene voller Schadenfreude.

„Och, ihr seid ja gemein! Euch werde ich keinen Apfelsaft abgeben!", schnieft der kleine Igel traurig und rappelt sich wieder auf. Papa Igel tröstet sein Söhnchen und hilft ihm, die Äpfel zum Haus zu tragen.

Im Garten hinter dem Haus macht sich die Familie eifrig ans Werk. Aus den Äpfeln soll nun Apfelsaft werden. Doch nur Papa Igel kennt alle Zutaten, die den Apfelsaft so einzigartig lecker machen. Es ist nämlich ein Geheimrezept, das er hütet wie seinen Augapfel! Wie jedes Jahr gibt es auch heute wieder neugierige Augen, die einen Blick auf die Zutaten erhaschen wollen. Doch die bleiben geheim! Die netten Nachbarn bekommen zum Trost alle eine Flasche von Papa Igels Apfelsaft.

Süßigkeiten für alle!

„Ist das nun alles?", fragt Konditormeister Eule ins Telefon. „Zwanzig Sahnetorten, noch einmal zwanzig Torten mit Puddingcreme und Schokolade, dreißig Obsttorten, vier Bleche Kekse – und alles bis heute Abend? Herrje, wie soll ich das nur schaffen?"

Doch die Vöglein haben alles mit angehört. Sie verstehen, dass ihr Freund dringend Hilfe braucht. „Lasst uns schnell Verstärkung holen!", zwitschern sie entschlossen.

Gesagt, getan. Die Murmeltiere haben flink alle Zutaten besorgt. Immer mehr Tiere eilen herbei und legen weiße Bäckerschürzen an. Jedes hat seine Aufgabe: Vom Mischen der Zutaten über das Kneten des Teigs bis zum Abbacken im Ofen. Natürlich muss auch jemand kosten, ob alles gelungen ist. Und wer ist dafür zuständig? Na, alle natürlich! Mhmm, es schmeckt köstlich! „Sagt mal, kann es sein, dass ihr mehr nascht, als ihr backt?", grummelt Meister Eule. Doch am Abend ist er sehr zufrieden, denn alles ist rechtzeitig fertig geworden, Dank der Hilfe der fleißigen Waldtiere.

Der weitsichtige Maulwurf

Es ist kalt geworden im Wald. Die alte Eiche lässt ihre letzten Blätter fallen und der unerbittliche Wind weht sie sofort davon. Tja, und nun fängt es auch noch an zu regnen!

Jetzt kann der Maulwurf wirklich nicht länger warten. Es wird höchste Zeit, seinem Vetter, dem Trödelhändler, einen Besuch abzustatten und sich mit Vorräten für die nächsten Monate einzudecken.

„Mal sehen – habe ich jetzt alles, was ich brauche?", murmelt er, während er einen prüfenden Blick auf seinen Wagen wirft. „Eine Lampe, ein Öfchen, ein Kochtopf, ein Säckchen Haselnüsse, vier Kilogramm Sonnenblumen-kerne … und zwei neue Bücher zum Lesen."

Der Winter lässt nicht lange auf sich warten. Während
Familie Maus den ersten Schnee für eine kleine
Schneeballschlacht nutzt und einen Schneemann baut,
hält der Maulwurf mit einer Wärmflasche auf den
Füßchen ein Schläfchen. Rausgehen? Er? Aber nein!
Er bleibt jetzt lieber in seiner gemütlichen Stube.
Hier hat er alles, was er braucht. Sogar ein
Weihnachtsbäumchen hat er schon aufgestellt!
Aufgepasst, kleiner Maulwurf! Während du schläfst,
stibitzt jemand Krümel für Krümel
deinen Kuchen!

Im Hasenbau

„Brrr, so viel Schnee! Aber du hast ja jede Menge Holz dabei, Herr Hase! In deiner Hütte ist es bestimmt immer schön warm", rufen die Mäuse. Der Spatz pfeift anerkennend herüber, als er das viele Brennholz erblickt. Auch der Hase ist zufrieden.

Den ganzen Morgen hat er geschuftet,
damit seine Familie nicht frieren muss.
„Keine Sorge, Freunde, für euch
ist immer ein Plätzchen vor meinem
Ofen frei!"

„Wir haben Gäste!", ruft Papa Hase, als er die Tür öffnet.
Seine Kleinen blicken ihm freudestrahlend entgegen.
„Das ist aber schön!", ruft Mama Hase und heißt die
Gäste willkommen: „Nur herein, wärmt euch auf!
Gleich gibt es ein schönes Stück Kuchen für jeden."
Auch Opa Hase ist erfreut, denn heute Abend
werden viele neugierige Ohren seinen
Geschichten lauschen.
Und so huschen die Mäuse und der Spatz
voller Vorfreude auf einen geselligen Abend
hinein in den warmen Hasenbau.

In der Nacht ist viel neuer Schnee gefallen, darum weckt
Papa Bär seine Kleinen schon früh am Morgen:
„Aufstehen ihr zwei, euer Onkel braucht Holz, um seinen
Backofen anzufeuern!"
Noch etwas verschlafen schnappen sich die kleinen Bären
den Schlitten und brechen auf. Doch, oje, es kostet
sie große Überwindung, die warme Höhle zu verlassen
und hinaus in den Schnee zu laufen!
„Da haben wir uns aber eine Belohnung verdient!",
sagt das eine Bärchen zu seinem Brüderchen.
„Oder besser noch zwei!"

Rodelspaß mit den Bären

29

Die fleißigen Bärchen haben Glück, die erste Belohnung wartet schon auf sie: Onkel Bär schenkt ihnen zwei große Stücke von seinem frisch gebackenen Apfelkuchen. Die sind noch warm und schmecken himmlisch.

Mit der zweiten Belohnung werden sie von Papa Bär überrascht: „Habt ihr Lust, mit mir eine Runde Rodeln zu gehen?" Und ob, hurra! Nun sind die kleinen Bären doch recht froh, dass sie heute so früh aufgestanden sind.

Das Fest der Marienkäfer

Nach einer langen und anstrengenden Reise kommen Herr und Frau Marienkäfer endlich an ihr Ziel: das Marienkäferdorf. Jeden Frühling durchqueren sie den Wald, um ihre vielen, vielen Verwandten zu besuchen. Ihre Reise ist nicht nur lang, sondern auch nicht ungefährlich! „Hoffentlich kommen wir noch rechtzeitig zum Fest. – Wartet auf uns, wir sind gleich da!", rufen die beiden, so laut sie können, aus der Ferne.

Die Marienkäfer veranstalten alljährlich ein großes Fest, um den Frühling zu begrüßen. Vorher gibt es immer viel zu tun: Musikstücke und Tänze werden eingeübt, Buden aufgebaut, es wird gebacken und gekocht. So manch einer muss sich noch schnell frisch machen, bevor die Feierlichkeiten beginnen.

Das Marienkäferdorf ist vielleicht das kleinste Dorf im ganzen Wald, aber es ist ohne Zweifel auch eines der schönsten!

Das große Vogelkonzert

„La, la, la! Do, re, miii, … fa, sooo, … la, siii!
Gerade wählt die Jury die Sänger für das
Frühlingskonzert aus. Die Blaumeise mit ihrer
schönen Stimme darf den Anfang machen.
Die anderen Vögel warten auch schon
aufgeregt, dass sie an die Reihe kommen.

Jeder Vogel trällert sein Lieblingslied vor sich hin. „Ruhe bitte!", zischt das Mäuschen. „Lasst uns doch erst einmal jedem allein zuhören." Die kleine Maus würde selbst gern mitsingen, doch am Frühlingskonzert nehmen nur die Vögel teil!

Endlich ist der große Konzertabend
gekommen. Der Mond steht hoch am
Himmel, die Sterne funkeln mit ganzer Pracht
und das Publikum schaut gebannt zur Bühne hinauf:
„Düdelü lio!" – „Zizizi!" – „Gurr, gurr!" Selbst die Krähe
ruft mit stolzgeschwellter Brust: „Krächz, krächz!"
„Sachte!", ermahnt der Dirigent und winkt mit dem
Taktstock. Am Ende erhebt sich tosender Applaus und
alle sind sich einig: Ja, das war ein wunderbares Konzert!

Eine tolle Idee

Schon seit dem Frühlingsanfang sind die Biber schwer beschäftigt. Unermüdlich nagen sie Birkenstämme ab und schaffen sie zum Fluss. Wollen sie sich etwa eine neue Biberburg bauen? Oder einen Staudamm errichten?
Aber nein, in Wirklichkeit bereiten sie eine Sommerüberraschung für all ihre Freunde vor!
Knack – schon bricht ein weiterer Stamm. Auch der kleinste Biber hat sein Werk beinahe vollendet.
„Das wird reichen!", ruft sein Bruder. „Nun komm, wir müssen uns beeilen!"
Was es wohl mit dieser Überraschung auf sich hat?

Jetzt wird das Geheimnis gelüftet: Die Biber haben ein Schwimm-
bad gebaut! Alle Tiere sind begeistert, was für eine tolle Idee!
Herr Dachs lässt gleich sein Ruderboot zu Wasser und das
Murmeltier probiert mit der Haselmaus ein lustiges neues Spiel aus.
Unterdessen wachen die Biber als Rettungsschwimmer, denn
nicht jedes Waldtier kann so gut schwimmen wie sie oder
die Frösche. Und wer sich nicht ins Wasser traut, der
macht es sich mit einem leckeren Eis in der Sonne
gemütlich.

Die Marmeladen-Mäuse

Jedes Jahr im August machen sich die Tanten der kleinen
Maus auf den Weg und sammeln Himbeeren, Brombeeren
und Heidelbeeren für ihre köstlichen Marmeladen. Für
diese sind die Mäuse im ganzen Wald bekannt. Das
Mäuschen hilft ihnen jedes Mal gern, dabei sorgt es
jedoch immer wieder für Überraschungen. So auch
heute: „Autsch! Verflixt noch eins!", hört man es rufen,
als die Leiter unter ihm bricht.

Doch kurz darauf hat das Mäuschen sein kleines Miss-
geschick schon wieder vergessen. Die Tanten trösten es
und muntern es mit einer neuen Aufgabe auf:
Jetzt darf es die Etiketten für die Marmeladengläser
bemalen und aufkleben. So ein Spaß!
Die Nachbarn verkosten derweil schon die ersten
Marmeladen: „Mhmm, die ist wirklich toll!" – „Ich
weiß noch nicht, ob ich lieber die Himbeer- oder die
Brombeermarmelade mag ..."
„Ja, esst nur!", piepst Tante Maus. „Aber lasst uns bitte
auch noch etwas übrig!"

Die Marmeladen-Mäuse

47

Das Wett-schwimmen

„Weiter, kleiner Frosch!", ruft der Trainer energisch.
„Noch ein kleines bisschen schneller! Du kannst es!"
Vom Ufer aus feuern die Zuschauer ihren Freund
lautstark an: „Du schaffst das, kleiner Frosch! Du bist
der Beste!"
Die anderen Schwimmer haben das Training bereits
beendet und steigen nach und nach aus dem Wasser.

Sogleich eilt ein Helfer mit Handtüchern herbei,
denn die Sportler sollen sich auf keinen Fall verkühlen.
Schließlich findet morgen das große Wettschwimmen statt!
Wer das wohl gewinnen wird?

Nun ist es so weit. Alle Schwimmer stehen bereit und die Spannung steigt.

„Auf die Plätze! – Fertig! – Los!", ruft der Igel und schwenkt die Fahne. Sogleich springen die Frösche ins Wasser und es beginnt ein wildes Planschen und Kraulen. Der Maulwurf kommentiert begeistert das Geschehen, während der Hase die besten Momente mit der Kamera festhält. Das Publikum jubelt. Nur der kleine Fisch ruft verwundert: „He! Das ist doch meine Bahn!"

Im Ameisenbau

„Eins, zwei! Eins, zwei! Ziehen, Freunde, ziehen!", schallt es durch den Wald. Was ist denn hier los?
Eine große Truppe Ameisen zieht einen dicken Maiskolben über den Waldboden. Was haben sie damit vor? Wohin wollen sie ihn bringen?
Das Mäuschen und die Schnecke sehen dem Schauspiel verwundert zu.

Am Ameisenhügel hat die Truppe ihr Ziel endlich erreicht.
Sorgsam lösen die Ameisen die Maiskörner vom Kolben und
schaffen sie Stück für Stück in ihren Vorratsraum.
Der Bau, den man als Ameisenhügel sehen kann, setzt sich
unter der Erde fort. Sieh nur, wie groß er tatsächlich ist!
Und wie viele Räume er hat! Es gibt Schlafzimmer, Wohn-
zimmer, Keller und Speicher. So ein Ameisenbau hat eine
Menge Bewohner – Abertausende Ameisen leben hier!
Sie bilden einen Staat. Jede einzelne Ameise hat darin eine
wichtige Aufgabe zu erfüllen.

© Trötsch Verlag GmbH & Co. KG
Geschw.-Scholl-Str. 11
15537 Gosen-Neu Zittau
www.troetsch.de

Originalausgabe: Il grande libro delle stagioni
Illustrationen: Tony Wolf
Grafik: Romina Ferrari
Layout: Adria Villa
Bildbearbeitung der Seiten 6-7; 10-11; 14-15; 18-19;
22-23; 26-27; 30-31; 34-35; 38-39; 42-43; 46-47; 50-51
Valentina Mulatero

© 2021 Giunti Editore S.p.A., Milano-Firenze
Dami International,
a brand of Giunti Publishing Group
www.giunti.it

nach einer Idee von ANDREA DAMI